Copyright © Lee Davidson, 2011

Den Lille Ishockey Håndboka: Rettningslinjer for Atferd
Original title: The Little Hockey Handbook: Code of Conduct

Author: Lee Davidson
Illustrations and cover design: Robin Crossman
Translation from English: Jan Roar Fagerli

Printed in the United States of America

First Printing, 2011

ISBN 13: 978-0-9876772-3-5

ISBN 10: 0987677233

Canuck Corp.
756 Kelly Drive
Kamloops, BC
V2B 4G4
Canada

Your feedback and comments are always welcome.

Please feel free to contact us at:

thelittlehockeyhandbook@gmail.com

Kjære Hockeyvenner,

Det er med den største glede i ønsker Lee Davidson's "The Little Hockey Handbook: Code of Conduct" hjertelig velkommen i norsk oversettelse.

Et helt gjennomtenkt og viktig verktøy, ikke begrenset til spillere, men faktisk en verdifull håndbok ikke minst for fereldre og trenere.

Å lære tingene riktig fra de første skøytetale gjør hockeylivet lett å leve resten av en lang hockey-karriere.

Håndboka er like viktig some skøytene og den bør være tilgjengelig ikke miste på alle hockeyskoler i Norge, og spesielt for yngre spillere som løser lisens i Norges Ishockeyforbund.

Vennlig hilsen

Ole Jacob Libæk

President
Norges Ishockeyforbund

Til Angelina og Liam

Jeg håper dere finner inspirasjon til å nå alle drømmene deres. Takk for at dere hjelper meg med en av mine.

TIL ALLE FORELDRE

En stor takk til alle ishockey foreldre der ute! Alle tidlige morgener, sene kvelder og timer dere frivillig tilbringer ved ishallen, er det som driver hockeyverden rundt.

Denne lille boken er mitt forsøk på å minne barna om noen av de beste delene av hockey og hvordan vi alle kan bidra til at dette flotte spillet oppleves morsomt for alle. Med temaer som Fair Play, respekt og sportsånd håper jeg å forsterke det som er undervist av trenere og forbund rundt om i hockey verden.

Jeg håper du og dine barn liker denne boken, og har en god hockey sesong!

Coach Davidson

Ishockey er Moro!

Uansett hvilket nivå du spiller hockey på, er hovedmålet å ha det gøy. De fleste profesjonelle spillere vil kunne fortelle deg at da de var på din alder drømte de om å spille i de profesjonelle ligaene, men de hadde det også gøy mens de arbeidet hardt for å nå sine mål.

Å være involvert i hockey gir deg sjansen til å utvikle godt vennskap og livslange ferdigheter og verdier som samarbeid og respekt. Det er også mye moro! Barn over hele verden spiller hockey fordi det er en veldig morsom og utfordrende idrett. Du har mulighet til å lære, konkurrere og arbeide sammen med noen flotte barn i din kommune, og fra hele verden!

Utstyr

Din kølle: sørg for at køllene dine er i riktig høyde (omtrent opp til nesen din uten skøyter på). Dette vil sikre at du er i en god hockey stilling og ikke bøyd for langt over og dermed ubalansert.

Hjelm og ansiktsmaske: sørg for at hjelmen din sitter korrekt på. Iført en for løs hjelm kan føre til skader.

Kroppsbeskyttelse: leggbeskyttere, albuebeskyttere, susp, skulderbeskyttere, hockey bukser og hansker bør alle være i god stand og ha riktig passform for å sikre en best mulig beskyttelse.

Uniformer: forsikre deg om at drakt og sokker har riktig størrelse. For store drakter gjør det vanskeligere å gå på skøyter!

Skøyter: ta vare på skøytene dine og beskytt skøytestålet ved å bruke kalosjer. Kontroller regelmessig at skøytene er skarpe.

Målvakter: dere gutter og jenter har mye spesielt utstyr, men retningslinjene er de samme. Sørg for at utstyret passer deg ordentlig og at du opprettholder alt i god stand.

Det er viktig at du tar vare på utstyret ditt. Hver spiller har ansvar for å ta vare på hans eller hennes personlige utstyr. Det betyr:

1. Sørge for at utstyret er rent (ta med stinkende sokker hjem!)
2. Sørge for at alt utstyret er pakket i hockeybaggen etter trening.
3. Sørge for at du forteller en forelder eller trener hvis en del av utstyret er ødelagt, skadet eller mangler.
4. Sørge for at du har med alt nødvendige utstyr for trening og kamper.

Respekt

Hockey er en fantastisk sport, og for å opprettholde den slik må vi respektere alle rundt oss.

- ✓ Lagkamerater - hockey er for alle. Uansett personenes bakgrunn, etnisitet, kjønn eller evne skal vi alltid vise våre lagkamerater vår respekt.

- ✓ Trenere - din trener er der for å hjelpe deg å glede deg over dette flotte spillet, han eller hun fortjener din respekt og oppmerksomhet til alle tider.

- ✓ Motstandere - uten et lag å spille mot ville det ikke være noe hockey. Dine motstandere, akkurat som dine lagkamerater, bør alltid behandles med respekt.

- ✓ Dommere - dommere er det tredje laget på isen som gjør ishockey spill mulig. Selv om du ikke er enig i en dommeravgjørelse, er det viktig å vise respekt til dommerne.

- ✓ Foreldre og frivillige - organisert hockey ville ikke være mulig å gjennomføre uten alle de lange timene dine foreldre og frivillige tilbringer bak kulissene. Hockey er avhengig av alt det hockeyforeldrene gjør, så vis respekt og takknemlighet for alt de gjør.

- ✓ Ditt lag eller organisasjon - vær stolt av klubben og dens arv. Ved å bære drakten representerer du klubben og du er en ambassadør for klubben din. Vis respekt for klubben sin historie og dens fremtid.

Fair Play

Fair Play betyr at du bør spille hockey slik det er ment å bli spilt, ufarlig og morsomt for alle.

Ved å respektere motstanderen, kan hockey være hurtig, intens og trygg for alle. Hockey er et fysisk spill og kroppskontakt er en spennende del av spillet. Reglene tillater dette spennende elementet, samtidig som de sørger for at spillerne er så trygge som mulig.

Når du kjemper om pucken eller avslutter en kroppstakling er det viktig at du gjør det med riktig teknikk. Dette tillater deg å spille på et konkurransedyktig nivå og samtidig sikre at alle deltakerne er trygge på isen. Spør treneren din om Norges Ishockey Forbund`s retningslinjer for Fair Play, og være oppmerksom når han eller hun lærer deg nye ferdigheter som for eksempel å kroppstakle. Sportsånd er også en del av Fair Play, og det gjenspeiler seg i hvordan vi respekterer alle som er en del av spillet.

I Garderoben

Her er noen enkle regler for hvordan man oppfører seg i garderoben:

1. Ikke tull og tøys. Det er mye utstyr i garderoben og ikke et sted for strid eller styrkeprøver.

2. Legg køllene i køllestativet eller ved døra, slik at folk ikke snubler over køller som ligger spredt over hele garderoben.

3. Ikke gå med skøytene på i garderoben før du er klar til å dra ut på isen.

4. Ha kontroll og vær ansvarlig for eget utstyr.

5. Sørg for at utstyret er rent. Ingen liker å sitte ved siden av noen med sju par illeluktende   sokker i hockeybaggen!

6. Hold garderoben ryddig. Hvis du ikke kaster brukt tape på stuegulvet hjemme, så bør du heller ikke gjøre det i garderoben.

7. Ikke vær en gnier! Ta med egen kølle og tape til strømpene.

På Trening

Mesteparten av hockey sesongen bruker du på trening og det er her du og vennene dine får sjansen til å ha mye moro, utvikle dine ferdigheter og konkurrere mot hverandre.

Treningen er mest verdifull når du gir 100% innsats. Husk at det du får ut av en trening samsvarer med innsatsen du legger i den. Dette betyr at du vil lære mer og ha det mer moro når du jobber hardt og virkelig ønsker å tilegne deg det treneren prøver å lære bort.

Her er tre tips for å ha en god trening:

1. Spør alltid treneren din hvis du ikke forstår en bestemt øvelse. Trenerne er der for å hjelpe deg å forstå spillet og for å svare på dine spørsmål.

2. Vis respekt for trenere og lagkamerater ved å være i tide til trening og lytt når treneren snakker.

3. Oppmuntre og støtt lagkameratene dine.

Kamp!

Endelig kommer din sjanse til å få igjen for alt det harde arbeide på treningen og til å teste det ut i kamp! Å spille kamper og turneringer gir deg muligheten til å utfordre deg selv, jobbe sammen med lagkameratene dine og ha mye moro.

Her er et par ting å huske på kampdagen:

1. Lytt til treneren og hva de har å formidle.
2. Arbeid sammen som et lag og støtt hverandre.
3. Være en god lagkamerat og være positive til de rundt deg.
4. Gjennomfør korte bytter slik at du har energi til hele kampen.
5. Jobb hardt og gi 100% innsats i hvert bytt.
6. Spill i begge ender av banen, være en toveis-spiller.
7. Følg Fair Play retningslinjene.
8. Være ydmyk både i seier og nederlag.
9. Drikk mye vann gjennom hele kampen
10. Ha det gøy på isen! Det er det hockey handler om.

Seier og Tap

Alle lag i hockey har sine oppturer og nedturer. Det er en del av sporten, og det er det som gjør den spennende. Når du og laget ditt vinner skal du glede deg over det, men husk for at dere skal vinne må nødvendigvis noen andre tape. Neste gang kan det være dere som taper kampen. Ingen liker at motstanderen hoverer overdrevent for en seier. Sikkert ikke dere heller.

Hockey lag og hockeyspillere er en gjeng med stil og det betyr at det ikke er behov for å nedverdige motstanderen etter å ha scoret et mål. Det ser dumt ut og det er ikke god sportsånd. Feir med rekke kameratene dine, gjør "high five" med dine lagkamerater på benken og så gjør deg klar for neste dropp.

Det er også viktig å støtte lagkameratene og være positiv. Hvis noen gjør en feil er det på tide for deg å være en god lagkamerat og være positiv. Fortell spilleren at det er ok, eller at vi kan gjøre bedre neste gang. Hockey er et lagspill, og det betyr at vi deler de gode og de dårlige resultatene som et lag.

Utenom Isen

Selv den mest istreningsavhengige spilleren kan ikke være på isen 24 timer i døgnet, så her er noen treningstips utenom sesongen eller mellom treningene på is:

1. Øv hjemme. Alle profesjonelle hockey spillere spilte hockey på "løkka", gatehockey eller øvde på skudd med tennisballer i kjelleren da de var på din alder. Øv på å utvikle dine ferdigheter med vennene dine hjemme.

2. Vær delaktig i andre idretter. Det å bedrive andre idretter hjelper deg å utvikle deg som idrettsutøver. Andre idretter bruker ulike ferdigheter og muskelgrupper som kan hjelpe deg å bli en bedre hockeyspiller.

3. Se hockey. Se en kamp på den lokale ishockeyarenaen eller på TV. Å ha en favoritt spiller som du kan se opp til, er en flott måte å lære mer om spillet.

4. Bli involvert i klubben din. Meld deg frivillig til dugnader og klubbens aktiviteter, prøv å ta et dommer kurs eller meld deg frivillig som vannbærer for ditt lokale lag.

Målsettinger

Å sette seg mål er en fin måte å motivere og inspirere seg til å bli den beste hockey spilleren du kan være. Ved å måle fremgang i spesifikke ferdigheter kan du se hvordan du utvikler deg gjennom sesongen.

Når du setter mål for deg selv er det viktig å være konkret. Når du er konkret i forhold til dine mål er det lettere å vite når du faktisk har nådd dem. For eksempel, hvis du vil bli raskere på skøytene så kan målet ditt kan være "Jeg vil være i stand til å fullføre en bestemt skøyteøvelse på mindre enn 45 sekunder". Dette er noe du kan måle og teste.

På neste side er det et sett av målsettinger. Du kan lage dine egne og legge på alle typer mål du ønsker å jobbe mot. Husk at du også trenger å si hvordan du vil oppnå det målet.

Mål	hvordan vil du teste denne målsettingen?	hvordan vil du oppnå dette målet?
Bli en hurtigere skøyteløper	Å være i stand til å fullføre skøyteøvelsen (skøyte testen) på mindre enn 45 sekunder.	Fokusere på min balanse og "power skating" teknikk og ved å bruke 5 minutter før trening til å arbeide med denne ferdigheten.
Vinne flere dropper	Vinne minst 6 av 10 dropper regelmessig.	Bruke 20 minutter per uke på å trene på 3 forskjellige typer dropper, hjemme med pappa.

Du kan lage tabeller for å hjelpe deg selv å ha oversikt over dine målsettinger. Husk at det er mye med hockey du ikke kan lagre i tabeller, som å ha det gøy og være en god lagkamerat. Disse er ofte de viktigste delene av hockey, så vær oppmerksom på at disse tabellene kun er en måte å hjelpe deg til å ha oversikt over målsettingene på. Hockey er så mye mer enn statistikk.

På neste side er en enkel tabell som du kan bruke. Du kan lage dine egne figurer og holde orden på alle typer ferdigheter. Bare tegn dine egne figurer og legg til alle ferdigheter du ønsker. Du kan rangere deg selv i begynnelsen av året, i midtpunktet av sesongen, og igjen på slutten av året. Dette vil tillate deg å se på hvilke områder du har utviklet deg og på hvilke områder du trenger å jobbe hardere.

Navn: _____	starten av sesongen	midten av sesongen	sesongslutt
Fart forover	★★	★★★	★★★★
Rask Bakover			
Rask Stopp			
Kølleteknikk			
Føring av puck			
Håndleddsskudd			
Slagskudd			
Dragskudd			
Backhandskudd			
Backhand pass			
Stretch pass			
Flippass			
Skøyter til å få puckkontroll			
Finter			
Face-offs			

VISSTE DU DETTE?

Ishockey spilles over hele verden. I Kanada kalles det hockey. I Finland kalles det jääkiekko. I Russland kalles det хоккейс шайбой. I Tsjekkia kalles det hokej.

Uansett om du ligger under i en kamp, kan du likevel ha det moro og være positiv. Hockey historien er full av kamper hvor lag har kommet tilbake på slutten og vunnet etter å ha ligget under hele kampen. Det gjelder å jobbe hardt sammen med lagkameratene dine, så kan alt skje.

Sjansen er stor for at det finnes gamle interessante historier og spillere i klubben din sin historie. Spør lederen I klubben om klubbens historie. Det er helt sikkert underholdende.

Colouring fun!

Vi håper du har satt pris på denne boken, og at du har lært et par ting. Vi ønsker deg alt godt for sesongen og håper at den er full av gode venner, morsomme treninger, fantastiske kamper og gode minner.

Ha det gøy på isen!